Ahmet C

Düşle

KORA

Kora Yayın: 94
Şiir Dizisi: 52

ISBN 975 - 7957 - 95 - X

Ahmet Güven Düşlerimin Gül Şafağı
Yayın Yönetmeni: İsmet Arslan
Ön Kapak Fotoğrafı: İsmet Arslan
Kapak, Renk Ayrımı: Seval Grafik
Baskı - Cilt: Kayhan Matbaası (Tel: 576 01 36)
Birinci Baskı: Şubat 2003

(Kora, Berfin Basın Yayın ve Tic. Ltd. Şti. kuruluşudur.)

Berfin Basın Yayın ve Tic Ltd. Şti.
Cağaloğlu Yokuşu, Evren Han Kat:3
No:29 / 56 Cağaloğlu 34440 - İstanbul
Tel: (0.212) 513 79 00 Fax: 512 37 20

Ahmet Güven

Düşlerimin Gül Şafağı

- Şiirler -

KORA YAYIN

Bu kitap, annemin anısına bir tutam sarı sümbül;
Babama insanca bir gülümseme...

SESİ HÂLÂ KULAĞIMDA

Güzün Turnalar uçardı bizim köyün üzerinden
Hava biraz ağlamaklı olurdu
İnce mavi bir duman kaplardı,
Yeryüzüyle gökyüzünün arasını
Ve bütün gizemi orada saklı olurdu

Benim sevgili anam
Beşiğime memleket toprağı elemiş
Ve ondandır benim cümle bedenim,
Büyük göçlerin ayak izlerini tasır

Mührünü topla da gel tarih
Gidenler aşkına

Güzün Turnalar uçardı bizim köyün üzerinden
Ben anamı özledim
Sesi hâlâ kulağımda

TEDARİKSİZ YOLCU

Dün gece iki göz gönderdim
Kars'ın üzerine
Kanatlarına taktım bir çift Turna'nın
Gagasına yüreğimin sesini
Sen uyuyordun, çocukları uyuyordu kentin

Benim sevdiceğim
Bir pınar başı olsun istedim
Yanı başında sofra kuracagım yer
Bir söğüt ağacı olsun istedim
Gölgesinde oturacağım yer
Bir de Turna olsun istedim

İnce bir düşün arifesindeyim
Usulca uzandım sol yanına
Sol yanınki benim diri yanım
Bir buse koydum yanağına

Tedariksiz bir yolcuyum ben
Şarabım bitti
Son cigaramı çekiyorum
Döner gider dumanı

Sen uyanmadan
Seher yıldızı doğmadan
Hem merhaba, hem eyvallah
Turnam benim

ERKEN GEL

Yanıbaşım çandır dağı
Gelecekseń erken gel
        gözlerimde tütüyorsun
Cebimde kenger sakızı
        Sana getirdim
Gelecekseń erken gel
        Beni şair etmeden

YOLCU

Gidiyorum zülfü siyahım
Dört mevsimin dördü,
Bir çizgi gibi düşer ömrüme
Hasretimdir gözyaşların
ve de benim efkarım

Yol boyu yorgunluğum karışır
Ayak izlerine
Özlerim bu söğüt ağaçlarını
Bu temiz havayı
Seni ve yüzüne dağılan gülüşünü

Zamanımı şimdi dersin
Ama fukaranın halidir
Artık gülsemde bir yanım gülmez

Gözünün aldığı yer yakındır
Ben bir yıldızları sayamam saçların kadardır
Uzanıp dokunmak isterim
Yüreğim göğüs kafesine sığmaz

Yeni dostlar edineceğim
Yeni mekanlar
Gerçi zor geçecek uzun kış geceleri
Ve de deli bahar
Ama olsun diyemem
Çıkar kendim gelirim
Peşime düşse de devriyeler

ÖRSE DAMITILAN EMEK

Örse damıtılan emek
Bilek yerinde yerinde
Zulme eğilmeyen başım
Onur yerinde, yerinde

Ateşlere yanan beden
Zindan içinde, içinde
Sen ağlama nazlı anam
Yürek yerinde, yerinde

Avluda güneş ışır
Gider dağlara yakışır
Sesim sesine karışır
Umut yerinde yerinde

BENİM ÜLKEMİN ÇOCUKLARI

Benim ülkemin çocukları
Harda doğar zorda doğar
Karanlığa vurur ışık
Solda vurur solda vurur

Demiri işleyen elim
Fabrikada akar terim
Dağlara çekilmiş onurum
Anla gelir tanla gelir

DIŞARIDA GÜRÜL GÜRÜL BAHAR

Dışarıda gürül gürül bahar
Benim bu yüreğim senin için çarpar
    Bir gül olur
    Bir dal olur
    Bir de can olur sevdan bana

Dağlar bana dağlar bana
Mevsim döner sevdan bana
    Bir yaz olur
    Bir güz olur
    Bir de kış olur sevdan bana

Canım benim gülüm benim
Senden alır deli gönlüm
    Bir söz olur
    Bir saz olur
    Bir de ses olur sevdan bana

Gökyüzünde açan şafak
Yüreğimin rengine bak
    Bir köz olur
    Bir naz olur
    Bir de öz olur sevdan bana

SEN BİR SEVDA TÜRKÜSÜSÜN

Sen bir sevda türküsüsün
Dilime düştün benim
Yüreğimi aldı ateş
Hasretime düştün benim

Saçlarında seher yeli
Tutuşturur ellerimi
Kırda açan çiçek gibi
Ser bahçeme açtın benim

GİTME GÜZEL GİTME, SENSİZ EDEMEM

Gitme güzel gitme sensiz edemem
Sensiz bu yaylada yazın edemem
Geçer gider ömür perde perde
Yaralı gönlüme derman bulamam

Gönül ister seni seninle demi
Yokluğun ok olur deler sinemi
Pervane olmuşum sen kevserde saki
Senin yokluğuna dayanamam ki

Güzelsin şirinsin gönlümün varı
Kaldır şu gönlümde ah ile zarı
Yaralı gönlümün sensin dermanı
Derdim çoktur güzel söyletme beni

ÇEKİP GİTMEM BU ELLERDEN

Çekip gitmem bu ellerden
Ağır gelir Turnam sana
Hükmü hüzün ayrılığın
Sarar beni yardan yana

Yürü rehvan atım yürü
Dost eline götür beni
Çok özledim nazlı yari
Hanesine indir beni

MERHABA

Su yürüdü su yürüdü
Toprağın bağrına
Daldan açan tomurcuğa
Merhaba

Alı al moru mor
Giyindi toprak ana
Bebeye meme veren ana
Merhaba

Gün ola tez ola
Can cana kavuşa
Özgürlüğe uçan kuşa
Merhaba

GELİR BENİM SEVDİĞİM GELİR

Gelir benim sevdiğim gelir
Darda bırakmaz beni
Ellerinde kır çiçekleri
Kollarında baharı gül getirir bana

Gelir benim sevdiğim gelir
Darda bırakmaz beni
İner Adana'ya turunç
Çıkar Sivas'ın dağına kar getirir bana

Gelir benim sevdiğim gelir
Darda bırakmaz beni
Gül damlar yanağında
Bal olur ağzımda bal getirir bana

BİR SEHER VAKTİNDE GEÇTİYDİM BURADA

Bir seher vaktinde geçtiydim buradan
Sevgin içerimde gözüm üstünde
Bir keklik konmuştu pınarın üstünde
Keklik su içer gözün üstünde

Kalkmışta gidiyor o dostun göçü
Hayat hayal gibi geldi de geçti
Sevgin içerime sinmeden bitti
Doymadım sevgine çıkmaz aklımdan

Şimdi o pınardan çok uzaktayım
İmkanlar yol vermez ki gidip göreyim
Özledim ben seni ey meri kekliğim
Güzeldir kekliğim çıkmaz aklımda

GECE VURUR AYAZI

Gece vurur ayazı
Yüreğimde var sızı
        Oysa gecede kar var
        Başımda sevda var

Ay gecenin koynuna
Gümüş takar boynuna
        Oysa dağlar yüceden
        Aşıp gidem geceden

Gözlerinin karası
Bende yürek yarası
        Oysa geceler uzun
        Kaç gündür uykusuzum

DENİZ MAVİDİR

Deniz mavidir
Gökyüzü mavidir
Bizim oralarda deniz yoktur
Ama gönlümüz koca deryadır
        Ha benim yarim ha benim canım
        Düşelim yola, yollardan yana
        Yoldan bu yana, deryadan yana

Söğüdün dalı salkım saçaktır
Gölgesinde yolcu oturur
Sar bir cigara a benim yarim
Dumanı bizi alıp götürür
        Ha benim yarim ha benim canım
        Düşelim yola, yollardan yana
        Yoldan bu yana, deryadan yana

GELİR Mİ BİLMEM

Gül yüzlü sevdiğim halim perişan
Derdimin dermanı olur mu bilmem
Kalmadı mecalim dağları aşamam
Gelip de halimi sorar mı bilmem
    Aşsa dağları, gelse yolları
    Derdimin dermanı
    Katlimin fermanı
    Gönlümün sultanı
    Olur mu bilmem

Kipriklerin oktur deler bağrımı
Yaram derindedir dindir ağrımı
Çiçeğe bezenmiş gönül bağıma
Bal için arısın salar mı bilmem
    Ateşlerde közüm, yaramda tuzun
    Lokman hekimim
    Lütfeyle sevdiğim
    Bitmeden günlerim
    Gelir mi bilmem

SOL GÖĞSÜMÜN ALTINDA SAKLI

Dağıt saçlarını deli rüzgârlara
Değsin güneşin altın sarısı
Benim de bu yüreğimde
        uzak kalmanın acısı
        sol göğsümün altında saklı

ALTMIŞ SEKİZ'E BİR SELAM

En güzel çiçek hangi dağda açar
Onlar bilirdi
Onlar insanlığın toprağına serpilen
Bir avuç çiçektiler
Onlar sevdalarını dağların doruklarına
Bizde türkülerimizi onlara yaktık

GÜLÜM REYHAN ELE VERMEM

Gülüm reyhan ele vermem
Kokusunu yele vermem
Gider gelir sensiz olmam
Zülfün teline, teline

Tuz ekmeği helal eyle
Derdin varsa bana söyle
Hal bilmeze sırrını verme
Düşer diline, diline

Dost eline selam söyle
Her güleni dostun sanma
Namert meclisine girme
Gider ağrına, ağrına

DÜŞLERİMİN GÜL ŞAFAĞI

Maviye kesmiş gökyüzü
Kanatlanmış ak güvercin
Resmedeyim yarınlara
Doğacak çocuklar için

Zeytin dalında yeşili
Nasıl incitirim seni
Kendi külümden varoldum
Savrulacak senin için

Gökyüzünde gökkuşağı
Giyinmiş baştan aşağı
Düşlerimin gül şafağı
Tutuşacak aşkın için

GÜN KAVUŞTU AKŞAMA

Gün kavuştu akşama
Işıkları yandı şehrin
Neredesin gül yüzlüm
Başımda sevda yeli

Gece zifiri karanlık
Şafak söktü sökecek
Hele bir sabah olsun
Güneş bizide saracak

Sağalır bende yareler
Yalnızlık bende kalır
Yürekte bitmez umut
Akşamın sabahı var

HEY GİDİ ÇAKALLAR SİZİ

Hey gidi çakallar sizi
Bu günlerde geçer elbet
Dost olan dostunu satmaz
Utanmaz övünürsünüz

Salının gezin adam gibi
Kim der ki size serseri
Bu düğüme neşter vursam
Paraylan satılansınız

Siz nere insanlık nere
Devran döner çakallara
Leşimi serdim meydana
İt gibi saldırırsınız

BEN İNSANIM

Tanrı buyurdu
            Kul olanlara
Bana selam saldı
            Ben insanım

DERVİŞ

Ben bir Musa'yım
Asamı sel aldı
Ben bir dervişim
Hırkamı yel aldı

ACIYI BAL EDEMEDİM

İçtim dünyanın zehrini
Her çiçekte balım vardı
          Sana demem o ki usta
          Ben acıyı bal edemedim

OTOBÜS GARINDA BİR ÇOCUK

Otobüs garında bir çocuk
Daha küçücük
Sırtında boya sandığı
Dünyanın önünde büyük

Simitcisi ile sucusu
Mevsimlik işçisi
Pamuk tarlasında çocuk
Portakal bahçesinde çocuk

Gözlerinde büyür sevgi
Küçücük elleri
Sevgiyi bilir çocuk
Sevgisize kinli çocuk

SANA GÜLLER ALIRIM

Uzat ellerini üşüyorum
Kaç yıl geçti hasretine inat

Dışarıda ince bir yel eser
Dağ kokusu
Sarı sümbül kokusu
Kulağımda kaval tınısı

Her sabah inerim bu sokakları
Her akşam dönerim
Akşam iner şehrin üzerine
Hüznüm artar

Bir zaman işim vardı
Ne çok dostum vardı
Şimdi çok azı kaldı

Hani bir arkadaşım vardı
Can ciğerdi
Ne tez öğrendi adam satmayı

Hısımmış akrabaymış
Hikaye
Gölgemde adam olanlar
Şimdi beni beğenmiyorlar

Adam gibi duruyorum
Aç da olsam işsiz de
Ben özümü satmadım
Şu zavallılardan iğreniyorum

Benim sevgili yarim
Ellerimden tutan yarim

Hele bir işim olsun
Sana güller alırım
Sana kitaplar
Sinemaya da gideriz
Tiyatroya da

Bekler tanıdık çocuklar
Keratalar cıvıl cıvıl
Kaç zamandır ne şeker aldım
Ne harçlık verdim
Ne de olsa onların Ahmet amcasıyım

Hele bir işim olsun
Şeker de alırım harçlık da veririm

Geçecek bu günler
ama dokunuyor bana
İyi ki sen varsın
Seni seviyorum

HEY İNSANLAR BİR DÜŞÜM VAR

Hey insanlar bir düşüm var
Bütün dünya duyana kadar
Yayılır gider çığlığım
Savaşlar bitene kadar

Doğudan batıya kadar
Kuzeyden güneye kadar
Bitsin bu sömürü zulüm
Kardeş olsun tüm halklar

Bu dünyanın sahipleri
Yarının çocukları
Herkes alsın emeğini
Çalınmasın umutları

YAR AMAN

Bir ateştir yanar dertli sinemde
Hasretindir saklı durur zulamda
Yolcuyum uğradım sana vahada
İçim içim akadar gider yar aman

Bal eylemiş akar tatlı diline
Şakülüm yok tutamam bendine
Tut elimden gidek kevser suyuna
Sen saki ol ben mivanım yar aman

TUTUŞUR

Göz yaşların damla damla
Düşer yanağına
Bin parça olur
Bir damlası içime akar
Koca bir nehir olur
tutuşur

RESİMLER DÖKÜLÜR DALINDA

Pencereme yağmur vurduğunda
Resimler dökülür dalında
Gönlüm karar kılmaz
Kanatlanır yüreğim
Islanır yanaklarım
Geri dönüp bakmaya
Gücüm yetmez

GİTME

Sen gidersen
Saçlarımı avuçlarıma toplar
Ağlarım
Yüreğim yanar

ÇOBAN KIZI

Sen bir kaval sesisin
Binboğa dağlarında
Parça parça olmuş yüreğimde
Bir yudum sevgisin sen
        Çoban kızı

Saçlarını avuçlarıma alsam da
okşasam
Dağ kokar, yayla kokar, çiçek kokar
Başımı dizine koysamda uyusam
Tel sarar, ten sarar
        Çoban kızı

Çay kaynatırsın sarı sümbülden
Kokusu yayılır etrafa
Kim bilir, belkide
Sarp kayalarda gizlenen
Güzellikleri analatırsın
        Çoban kızı

Yürekleri pır pır eden serçe kuşları
Dört mevsim buralı
Giyinmiş kır çiçekleri
Sen sağ olasın
        Çoban kızı

SENİ DÜŞÜNÜYORUM SENİ

Seni düşünüyorum seni
Karnın tok mu sırtın pek mi

Kış kendi aleminde
Bilmez fukaranın derdinde

Seni düşünüyorum seni
En çokta bu kış aylarında

UÇMAYA HAZIR

Bazen çekilirim köşeme
Bulutlar gözüme perde olur
Seyahate çıkarım kendimce
Sınırlar ötesi
Vaz geçerim küllüvarımdan

Bazen ben taşıyamam yüreğimi
Bazen de yüreğime
Turnalar kanat takmışcasına
Hafiftir
Uçmaya hazır

SOL YANIMA YAZDIĞIM

Hasretindir sol yanıma
                    Yazdığım
Kırmızısından sarı turnalara
                    Verdiğim
Kuşlardan Huma kuşuna ısınamadım
Nankörmüş
Türkülerden öğrendim

Kürtlüğümden ötürü
Pepuk kuşdur yabancısı olmadığım
Hani bir kenger için
Önce kardeşini öldürmüş
Sonra kardeşine ağlamış

HERŞEY BİLDİĞİMDEN DAHA DERİN

Beni benden bin yıl öteye tutan
Saçının bir tek telidir
Herşey bildiğimden daha derin
Güzel dahada güzel
Acı duyduğumdan da ağır
Aşk sol göğsümün altı

Tarih mühürler toplamının
                Kendisi
Ya mührü olmayanlar
İnsanlık özüne kan verenler
Herşey bildiğimden daha derin
Herşey duyduğumdan daha öte

ÖYLE OLSUN DİYEMEDİĞİM

Bir şey var hep yarı kalan
Böyle inceden inceye yüreğimi saran
Öyle olsun diyemediğim

GÜL SARDI BENİ

Vardım hanesine yari görmeye
Gül açtı gülyüzü eyledi beni
Tuttum ellerinden halini sormaya
Aldı bahçesine gül sardı beni

Esen yellerine zülfün telinede
Çözüldü dillerim çağlattı beni
Mihmandarım oldu aldı bağrına
Aşkın deryasına dil etti beni

Aşkına düşmüşüm sana pervaneyim
Geldiğin yerlere güller ekeyim
Gönlümü gönlüne bağladı güzel
Açtı kollarını ten sardı beni

BİR TATLI DÜŞ OL

Gün ağardı
Sabah oldu
Bahar gülü ol, dağ rüzgârı ol
Gel gez saçlarımın arasında

Gün yükseldi
Sıcağına düştüm
Bir yudum su ol
Bir avuç gölge ol
Gel gez göğsümün üzerinde

Gün kavuştu
Akşam oldu
Bir avuç uyku ol bir tatlı düş ol
Gel gez gözlerimin üzerinde

UNUTMA İNSANLIK

Karanlık çökerken sokakların üstüne
Bu şehir duymadı insan çığlıklarını
Hangi kapıya vursam sağır
Sivas'ın havası ağır
Madımak'ta can pazarı

Hira dağından gelmişler
Sokakta tekbir sesleri
Turandan gelmişler
Sokakta kurt başları

Seni elleri uzak Ankara
Sivas'ın ortasında bir avuç insan
Madımak'ta can pazarı

Otuz yedi can, otuz yedi yürek
Ateşe semah tuttular
Türküler söylediler, kitaplar yazdılar
Şiirler yazdılar, resimler çizdiler
Tutuştular insana dair
Unutma insanlık

BENİM BABAM

Benim babam
Eli öpülecek adam
Duvar ustası, emekçi bir adam

On bir yıl oldu
Ben babamı görmiyeli
Beş yıl oldu anamı kaybedeli

Saçları ağarmıs
Yüzünde derin çizgiler
Seksen yıllık bir ömrün
Onurlu kitabı
Okunacak bir adam benim babam

Ne haram yedi
Ne yalan söyledi
Karıncayı bile incitmez
Onun için hep fakirdi
Ama onurluydu

Kimseyi incitmek istemezdi
Ne boyun eğerdi
Ne boyun eğeni severdi

Payına hayatın hep acı tarafı düştü
Ne kahretti ne küstü

Hey gidi dünya

İnsanı severdi
Doğayı severdi
Cennet, cehennem bu dünyadaydı
Gerisi yalandı

Bilge insandı babam
Okuma yazmayı kendisi öğrenmişti
Tabiatı cemiyeti
İnsan bilmeliydi

Şimdi yaşlandı
Ellerinden öperim
Görüşmek üzere
Kâzım baba

YOLDAŞIN OLAYIM

Evren çağlar
Dünya döner
Ne sen bensiz olursun
Ne de ben sensiz

Kuş nasıl da gerinir uçmaya
Kelebek pır pır eder çiçeğin dalında
İnsan nasıl da sevinir dost yüzü görmeye
Gülyüzünden öpeyim

Kar nasıl da örter dağları
Ağaçlar ne güzel giyer yeşili
Su nasılda yürür ağacın köküne
Kaynağından su içeyim

Gün döndüğünde
Gece nasıl da iner
Yıldızlar ne güzel parlar
Gözlerinden öpeyim

Şafak söktüğünde
Güneşle canlı nasıl da uyanır
Karıncalar katarına dizilir
Yol boyu yoldaşın olayım

Tohum nasıl da çatlar toprak altında
Yağmur ne güzel sevişir toprakla
Bir gökkuşağı açar yamaçtan yamaca
Saçlarına bağ olayım

Ne sen bensiz olursun
Ne de ben sensiz
Çağlar evren
Döner dünya
Yıl on iki ay seninleyim

BİNBOĞA DAĞLARI

Sürerim atımı yeşil koyaklara
Binboğa dağlarına

Kuşlar sökün etmiş
Yayla zamanı
Çimenler boy vermiş
Etrafta türlü çiçek kokusu

Sarhoş eder adamı buranın havası
Ya da bahar delisi
Bir de aşıksan
Değme gitsin

Burası binboğa dağları
Ne ağıtlar yakılmıştır
Ne sevdalar yaşanmıştır
Çoğu kez doruklarında
Eşkiya türküleri söylenmiştir

KAVUŞMA

Seninle bir nehrin
İki ayrı koluyuz
Aynı nehirde buluşmak üzere
Çıktık yola

Hangi dağı geçsem
Hangi denizi geçsem
Şarkısını söyler

Bulutlara versem
Rüzgâra versem
Şarkısını söyler

Hepsinden alırım
Payıma ne düşerse
Sana bana

Kollarımız kavuştuğunda
Açarım kalbimi
Hepsi sana
        Sevgili Turnam

İHTİYAR

Mültecilik zor iş be ihtiyar
Uykularım sürgün
Düşlerim sürgün
Bir ben bilirim ne haldeyim
Bir de sen

Korkar oldum
Vakitsiz gelen telefonlardan
Yüreğim ağzıma gelir

Sen sekseninde
Ben uzağında
Sen vize verilmeyen adam
Ben dönemeyen sürgün

Bekle beni ihtiyar
Benim sevgili babam

HAYYAM

Boyuna güler yüzlü kitaplar
Okunmuyor be hayyam
Karamsar değilim ama
Pek ışık da gözükmüyor

Savaşlar, hastalıklar, açlık
Gün geçtikce daha çok artıyor
İnsanlar daha çok ölüyor

Güzelim doğa ne yapsın
Kirleniyor, yıpranıyor
Yıprandıkça felaketler artıyor

Bilgi çağındayız
Hey insanlar diyorum
Duyan yok
Herkes halinden memnun gibi

Sonra kendime dönüyorum
Memnun olmayanlar mı
Nesini söyleyeyim
Sen zaten biliyorsun

Yine de umutluyum
Bugün kırmızı şarap içtim
Kemiklerin sızlamasın
Hayyam

SEN YAKIŞTIĞINA YÜRÜ

Ne kafeste kuş
Ne de akvaryumda balık isterim
Hangi kafes verebilir ormanların tadını
Hangi akvaryum verebilir denizlerin tadını

Sen yakıştığına yürü
Göreceksin, anlıyacaksın

DEMEK GİDİYORSUN

Demek gidiyorsun
Demek her turna sürüsü
Geçtiğinde ağlayacağım
Ve ben uykularımı
Yağmurlara bırakacağım

KALBİMİ YOKLADIM

Aşkın beni aldı dağlara
Kardı, borandı kıştı
Ne ah çektim ne vah
Üstelik hoşuma gitti
Dedimki neyse ceremesi
                    Çekerim

Kalbimi yokladım
Acısı derin
Ne çayın tadı var
Ne de zeytinin acısı
Dedimki ya kalkıp gitmeliyim
Ya da tutup ellerinden getirmeliyim
                    Varsa bedeli
                    İşte yüreğim

MUTLU OLUYORUM

Ben mutlu oluyorum
Nasıl mı
Alçaga, nahmusuza
Küfrediyorum
Mutlu oluyorum

İnsana dair olanı
Güzel olanı seviyorum
Mutlu oluyorum

Ağladığım da oluyor
Yüreğimin kanadığı da
Ama boşuna değil
        Biliyorum

Sevdiğimi de biliyorum
Sevmediğimi de
Mutlu oluyorum

YERYÜZÜ HEPİMİZİN

Değirmeni dönderen biz
Kaymağı yiyen siz
Hep size rab size
Var mı öyle yağma
Dünyanın bütün güzelliklerini
Paylaşacağız

Sökeceğiz sınır boylarında
Mayınları, namluları
Gül ekeceğiz
El sıkışacağız

Yok öyle
Saltanatınız için
Savaşlar
Kan ve gözyaşı
İstemiyoruz

Yemezler
siz binlerle
Biz milyarlarla
Yeryüzü hepimizin
İNSANCA

ARKADAŞ

Ben bir şairim
Tarafım arkadaş
Emekten, eşitlikten yana

Kim vurur benim koluma zincir
Kim keser dilimi
Kardeşimdir benim
Bütün halklar

İş isterim
Aş isterim
Barış isterim
İnsanca yaşamak isterim

Tersi neyse arkadaş
Kavgalıyım
Kendi safımda
Buradayım

SARI YAPRAKLAR

Havada sarı yapraklar
Uçuşur
Daha köküne düşmeden
İlk sararanlar
İlk gidenler
Güz kapıda

Uzaktayım
Gözlerinden uzak
Seni yaşıyorum

Traş oldum çıktım sokağa
Karıştım kalabalığa
Bir koşuşturmadır gidiyor

Bir mülteci kahvesine uğradım
Bir çay aldım
        Zehir gibiydi
Muhabbete baktım
        Geyik
Beni sarmadı

Bir kaç yere daha uğradım
Belki iş bulurum diye
        Oda olmadı

Yasladım sırtımı bir ağaca
Havada sarı yapraklar
Ellerinden tuttuğum
İlk kadını düşündüm

EY SEVDASINA YANDIĞIM

Ey sevdasına yandığım
Sevdan ile büyüt beni
Saçlarını okşadığım
Zülfün teline bağla beni

Bu dağları denizleri
Bu köyleri şehirleri
Gönül ister sevdiğini
Al yanında götür beni

Arıyım baldan ayrılmam
Bülbülüm gülden ayrılmam
Sevda olmuş büyür yürek
Baş ucunda söyle beni

HEY BENİM DİVANE GÖNLÜM

Hey benim divane gönlüm
Yanar oldum tüter oldum
Bir hüsnü cemale sebep
Müptelası giryan oldum

Hey aman yar aman gül aman
Gurbet elde hayli zaman
Derde düşer gezer oldum

Eğildimki gül dalına
Gül kızarmış yanağına
Daldan düşen yaprağına
Bir yanında bakar oldum

ZAMAN RÜZGÂR BEN DE HARMAN

Zaman rüzgâr ben de harman
Alır götürür beni
Ardım sıra özüm kalır
Bir de sende nazım kalır

Yüreğim derin bir derya
Taş attıkça bulanır
İncerekten sarar beni
Ardımsıra duru kalır

Dört mevsimin dördü resim
Her birinde tüter serim
Hey gidi geçen günlerim
Ardım sıra anı kalır

AL BENİ DE GÖTÜR

Bahar ne güzel gülüm
Sevda ne güzel
Elin elime değer gülüm
Yüreğime kan damlar canım
Sevdana ben kurban gülüm
Al beni de götür

Dağlar ne güçlü gülüm
Sevda ne güçlü
Dağlara kar düştü gülüm
Aklıma yar düştü canım
Sevdana ben kurban gülüm
Al beni de götür

Dilimde türkü gülüm
Gözümde turna
Düştüm uzağa gülüm
Hasretim sana canım
Sar sol yanına gülüm
Sevdana ben kurban gülüm
Al beni de götür

DÜN GECE BİR RÜYA GÖRDÜM

Dün gece bir rüya gördüm
Takıldım rüzgârın kanatlarına
İhtiyarlığı sattım
Gençliğimi aldım yar

Dün gece bir rüya gördüm
Güneşe semah tuttum
Çirkinliği sattım
Güzelliği aldım yar

Dün gece bir rüya gördüm
Memleketime döndüm
Yoksulluğu sattım
Zenginliği aldım yar

İÇİNDEKİLER

Kültür / Eğitim Dizisi

Mahmut Ayaz / **Ch@t Geyikleri**
A. Gülüm-K. Gönen / **Dikkat Yazılı Var** (18. Baskı)
Tanzer İşeri / **Siz Bizi Küçük mü Sanıyorsunuz?** (2. Baskı)
G. Özakın-M. Karadaş / **Ama Öğretmenim Bu Yanlış...**
Hacı Harmancı/ **5 Yaşında Aşk**
(04-12 Çocuklarda Aşk, Kıskançlık ve Arkadaşlık
Nusret Gürgöz / **Düşbilgisi** (Çocuklar İçin Şiirler)
Mustafa Aslan / **Nasrettin Hoca'nın Uzay Serüveni**
Fatma Erk (Derleyen) / **4 KAN Nasıl Oldu, Ne Hissettiler**

Roman Dizisi

Mustafa Sancar / **Palyaçonun Ayna Sığınağı**
Serpil Şimşek / **Güneş Bulutların Arasında**
Sadıq Hîdayet /**Kundê Kor** (Kürtçe, Çev. E. Polat)
Medeni Ferho / **Hades İş Başında**
Efsane Turnalı / **...İst**

Öykü Dizisi

Sabri Kuşkonmaz / **Postallar** (Kısa Film Öyküleri)
Muharrem Yerli / **Bağır öyleyse**
Cüneyt Tekin / **Aykırı Yılbato**
Mustafa Çifci / **Bahar Aşkı**
Mustafa Sancar / **Dünya Gözlü Sevgili** (2. Baskı)
Kemal Adalı / **Eniştemiz Coni**
Mehmet Başçı / **İsviçre'de Bir Aşk**

Felsefe / Aydınlanma Dizisi

Cuci Han / **Felsefi İntihar ve Ötesi**
Zerdüşt / **Avesta** "Bölümler" (Çev. Eshat Ayata)

Anı Dizisi

Aysel Firmalı / **Sevgiye Sevdalıyım** (4. Baskı)
Cevat Akgönül / **Aşağı Bahçe**

Mizah Dizisi

Can Ozan / **Ben Kimim (Dilmeceler)**
Can Ozan / **ÇIKIN / Çiller Fıkraları**
Can Ozan / **Çetenistan - Hırsız Aranıyor**
Can Ozan / **Bir Öğretmenin Samimi İtirafları**
Ahmet Gülüm / **Makarna Tarlası**
Sina Cimcoz / **Futbolig (Futbol Fıkraları)**
Süleyman Ekim / **Babamdan Boşanıyorum**
Serkant Gürgünlü / **Maraba Türkiye**